Kersten

Traité des sons des langues vivantes

Paris
1854

TRAITÉ

DES

SONS DES LANGUES VIVANTES

ET DE LA

MANIÈRE DE BIEN PRONONCER
CEUX QUI SONT ÉTRANGERS A LA LANGUE FRANÇAISE

PAR

CHARLES DE KERSTEN.

50 centimes.

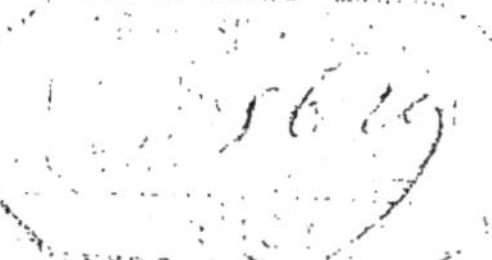

PARIS

L. HACHETTE et Cie,   STASSIN et XAVIER,

LIBRAIRES-ÉDITEURS   LIBRAIRES

Rue Pierre-Sarrazin, 14.   Rue de la Banque, 22.

ET CHEZ L'AUTEUR, CITÉ BERGÈRE, 3, HOTEL DU RHIN.

1854.

L'auteur publiera prochainement une

ÉCRITURE ABRÉGÉE DE LA LANGUE FRANÇAISE
A la portée de toutes les intelligences.

Cette écriture dispense de la connaissance de l'orthographe et pourra néanmoins être pratiquée concurremment avec le système graphique usuel, sans donner lieu à la moindre confusion. L'adoption en France d'une telle écriture deviendrait un bienfait pour les nationaux, ainsi que pour les étrangers qui correspondent avec eux.

> « Découvrir un bon système d'écriture abrégée n'est pas altérer ni transformer aucunement la langue .. »
> JOMARD, *Membre de l'Institut.*

Observations préliminaires.

—

L'ordre dans lequel se suivent les lettres de nos alphabets, quelle qu'en ait été la raison dans l'origine, n'est pour nous qu'un désordre. D'un autre côté, il n'existe pas de classification naturelle et complète des sons du langage en général, pas même d'une langue particulière. Et pourtant, basée comme elle doit l'être sur le mécanisme de la formation de ces sons, cette classification et ce mécanisme lui-même devraient constituer les premières notions de la linguistique.

Quant à la classification des sons d'une langue particulière, on ne la comprendrait pas, si elle était restreinte à eux seuls, parce qu'aucune langue ne possède tous les sons nécessaires pour remplir toutes les divisions du système de classification, qui doit être présenté complet dans toutes ses parties.

Si une pareille œuvre n'a encore été mise au jour, c'est qu'apparemment on l'a trouvée trop difficile ; et cela ne serait pas étonnant. En effet, ce que je livre ici à la publicité paraît bien peu de chose ; c'est pourtant le résultat de longs travaux, de beaucoup de réflexions et d'observations qui ont coûté un temps que personne peut-être n'aurait voulu consacrer à un sujet aussi ingrat.

Je me suis occupé pendant des années de la composition d'un alphabet universel et d'autres travaux analogues. Pour les exécuter, j'ai été obligé de rechercher et d'examiner avec soin tous les sons, non seulement des langues de l'Europe, mais encore des principaux idiômes asiatiques. De cette manière, j'ai découvert des faits qui étaient restés inconnus : tels que le véritable caractère de quelques sons très-communs ; la distribution des principaux éléments phoniques d'une manière égale entre les trois divisions des organes de la parole ; leur réunion dans l'ensemble des langues française, anglaise et allemande ; etc.

Je me suis donc senti en état de combler les lacunes signalées ci-dessus, comme existant dans la science de la linguistique. J'ai aussi pensé, qu'aujourd'hui que les relations personnelles entre des individus de nations différentes sont si faciles et si fréquentes, et que la connaissance d'une ou de plusieurs langues étrangères devient indispensable pour beaucoup de personnes, on pouvait désirer de trouver réunis dans un petit espace, des renseignements sur toutes les prononciations qui sont particulières aux plus importantes ; et l'idée m'est venue de publier un tableau sur lequel on embrasse d'un seul coup-d'œil tous les principaux sons étrangers à la langue française, à côté de ceux qui lui appartiennent.

On verra par le compte que j'en rends, que, réduits à ceux qu'il est le plus essentiel de connaître, ils sont en très-petit nombre, raison de plus pour qu'à mon avis, les enfants ou jeunes gens destinés à des carrières qui rendent présumable un futur séjour dans divers pays étrangers, dussent les apprendre pendant que leurs organes s'y prêtent encore facilement. Quelques heures y suffiraient. Ce serait un immense pas de fait, si, plus tard, ils voulaient parler n'importe quelle langue étrangère.

Je ne décrirai pas le mécanisme particulier de chaque classe de voyelles et de consonnes, à plus forte raison celui des sons connus dans toutes les langues ; trop peu de personnes s'intéressent à ces détails.

—

la formation des sons est distribuée entre les organes de la parole.

Voyelles.

POST.	MÉD.	ANT.
OU	U	I
AU	EU	È ; É
O	EU	A

Consonnes.

GUTTURALES				PALATALES	LABIALES			
souff.	vibr.	bourd.	explos.	sifflantes	explos.	bourd.	vibr.	souff.
H	ℭ𝔥		K	Y-CH, S, TH-F	P		𝔚	W
H	𝔊	NG	G	Y-J, Z, TH-V	B	M	𝔚	W
				T D				
				N				
				R R				
				L L				

Paris. — Imp d'Aubusson et Kugelmann.

TABLEAU CLASSIFICATIF

De tous les sons simples des langues française, anglaise et allemande.

(Les lettres entre parenthèses indiquent les sons étrangers à la langue française.)

Voyelles

Postérieures.			Médiales.			Antérieures.			
8	9	10	5	6	7	1	2	3	4
O_{rage}	AU_{cun}	OU_{til}	EU_{rope}	EU_{phonie}	U_{ni}	A_{mi}	Ê_{tre} É_{té}		I_{mage}

Consonnes

Soufflantes, fondam^{les}.			Vibrantes.			Bourdonnantes.			Explosives.			Sifflantes.				
11	13	15	17	19	21	23	24	25	26	28	30	32	34	36	38	40
(H_{air})	_cL_{aque}	(_qW_{een})	(sa𝕮𝕳e)	R_{at}	(sch𝔚er)				K_{an}	T_{emps}	P_{an}	_tY_{en}	CH_{ou}	S_{el}	(TH_{in})	F_{eu}
H_{ache}	L_{ac}	(W_{ean})	(sa𝕲e)	(_aR_m)	(𝔚er)	(_{ki}NG)	N_{om}	M_{ont}	G_{ant}	D_{ent}	B_{an}	_bY_{en}	J_{oue}	Z_{èle}	(TH_{en})	V_{œu}
12	14	16	18	20	22				27	29	31	33	35	37	39	41

S**ONS** **MIXTES** : Voyelles nasales : *an, in, on, un.* S**ON** **COMPOSÉ** : *n* mouillé (*gn* de *signe*).

N°s 2, 3. — Les sons-voyelles È et É, entendus, le premier dans *être*, le second dans *été*, n'en font qu'*un* en anglais et dans quelques autres idiômes, au moins en théorie; et en français leur prononciation est incertaine et variable, comme tout le monde sait, qu'elle soit représentée par *é* ou par *ai*. Les Anglais, à la vérité, prononcent le son de l'*é* devant l'*r* comme *è* (*care*, soin ; *hair*, cheveu), mais c'est à leur insu; que l'on prononce *è* ou *é*, c'est la même chose pour leur oreille.

4. — Le son I — nous ne parlons pas de lettres — le son *i* en anglais, à la fin des mots et privé de l'accent syllabique, n'est ni *i* ni *é*, mais entre les deux (*freely*, librement; *ready money*, argent comptant).

5. — L'EU ouvert (*heure*, *peuple*) est aussi l'*e* demi-muet ou sourd (*petit*, *dehors*, *me*).

Les *voyelles nasales* sont des voyelles suivies d'un faible élément-consonne, ressemblant beaucoup à l'*ng* allemand-anglais (n° 23); mais pour les premières le canal de la bouche reste ouvert, et pour *ng* il est hermétiquement fermé, comme il l'est pour ses affinités *n* et *m*. Les voyelles nasales, par conséquent, sonnent à la fois dans la bouche et dans le nez, et les consonnes *ng*, *n*, *m*, dans le nez seulement. Chacun peut se convaincre de ce fait. Si l'on prononce bien les voyelles nasales, on peut fermer le nez et malgré cela en continuer le son ; seulement on entend — et il devient sensible aux doigts qui ferment le nez—que le son y est porté. Mais que l'on ferme ce passage pendant que l'on continue la prononciation *ang, ann* ou *amm*, et le son est instantanément coupé.

Nous dirons aux Anglais que *an* n'est pas le son nasal de leur *an*, comme ils le prononcent généralement et comme leurs livres l'enseignent, mais de l'*a* de *alms*, *father*, etc.

Remarque. — Nous aurions dû placer seul, au bas des trois colonnes des voyelles (voy. le tableau symétrique), l'A, comme voyelle fondamentale d'où sortent les trois séries des autres, et l'È à la place où se trouve maintenant l'A. Nous aurions immédiatement au-dessus de l'A, de gauche à droite , les trois voyelles françaises ouvertes : *o* de *or*, *eu* de *heure*, *è* de *être*. La langue anglaise a également trois voyelles ouvertes correspondant aux trois que nous venons de nommer ; mais elles sont plus ouvertes, plus rapprochées de l'*a* que celles-là. Ce sont : 1° le *broad a* (*a* grave) de *water*, eau, ou l'*aw* de *jaw*, machoire ; l'*o* de *lord*, etc., *bref* dans l'*o* de *not*, etc. Ce son tient le milieu entre l'*o* et l'*a*. En français on peut l'entendre dans la bouche des paysans, qui prononcent ainsi, par exemple, l'*a* de *paille* ; 2° l'*u* bref de *cup*, tasse ; *but*, etc., un son obscur, que l'on exécute bien quand on prononce *sans voyelle* les consonnes entre lesquelles il se trouve (*cp, bt*) et pourtant de manière à faire sentir qu'il y en a une ; 3° l'*a* bref (*fat*, gras ; *hand*, main) , qui , en théorie , est le son bref de l'*a* français, (en anglais de l'*a* de *father*, père ; *arm*, bras, etc.), mais dans la pratique un *a* tout particulier, entre l'*è* et l'*a*, et qui ne se trouve dans la prononciation ordinaire d'aucune autre langue d'Europe. On peut cependant l'entendre en français dans la bouche de ceux qui parlent avec affectation et disent, par exemple, presque *mèdeme* pour *madame*.

— 8 —

11.—Le H anglais-allemand (angl. *hair;* allem. *haar,* cheveu ; *hand,* dans les deux langues, main), est simplement
le souffle chaud. Soufflez dans vos mains comme pour les
rechauffer, et le son est fait, mais plus fort qu'il ne le faut.
Il est essentiel pour les Français de l'apprendre, si, en parlant anglais, ils ne veulent pas offenser les oreilles des nationaux par un langage considéré très-vulgaire.

12.— Le H aspiré français entre deux voyelles différentes
(*le hameau, le héros*) est le n° 11 très-léger, un hiatus;
mais entre deux voyelles pareilles (*la hache, la hampe*), il
doit produire un arrêt de la voix, pour prononcer ensuite la
seconde voyelle comme si elle était seule ou au commencement d'une phrase, c'est-à-dire avec un élément-consonne,
une articulation thorachique ou laryngienne, par laquelle
commence toute voyelle non précédée d'un autre son. Le
tiret entre les deux *o* du mot anglais *co-operate* est employé
pour produire le même effet : il empêche de les lire comme
un *ou* français (cooperage); comme le *h,* dans les mots *la
hache* devrait empêcher de lire *lâche,* Le mot français *coopé-
rer* doit se prononcer de la même manière. L'arabe a pour
cela un signe spécial appelé *hamza.*[*]

Ce H représente aussi la voix, ou l'air vocalisé, dont
sont faites toutes les consonnes faibles, et qui se manifeste
par un murmure dans le gosier à leur commencement. C'est
donc le son fondamental pur et simple de toutes les con-

---

[*] Les Allemands aiment à faire cet arrêt de voix devant une
seconde voyelle, même quand les deux n'ont pas un son pareil et
qu'un hiatus suffirait. C'est après les particules inséparables *be,
ge;* et non seulement après celles-là, mais aussi après *ent, er,
ver, zer;* par conséquent après une consonne, comme dans l'arabe :
beackern, labourer ; *beobachten,* observer; *geübt,* exercé; *entehren,*
déshonorer; *erobert,* conquis; *verachten,* mépriser; *sichzerarbeiten,*
se faire du mal à force de travail. Tantôt ils prononcent ainsi,
tantôt non.

sonnes faibles, comme le H allemand est la base ou l'essence de toutes les consonnes fortes : celles-ci étant faites d'air simple.

13. — Le L fort existe dans toutes les langues; on le prononce, sans le savoir, dans *classe, plan*, et partout où il est immédiatement précédé par une consonne forte dans la même syllabe. On ne pourrait pas prononcer dans les deux mots cités le même L que dans *glace, blanc*. Il est très-facile à former seul : on n'a qu'à placer la langue comme pour l'L initial et y chasser le souffle chaud. On peut alors continuer le son; ce qui est une des distinctions caractéristiques des consonnes fortes d'avec les faibles. Cet L fort existe dans la langue du pays de Galles aussi au commencement des mots, représenté par LL.

15. — Le W anglais n'est pas un *ou;* mais les étrangers peuvent le remplacer par cette voyelle, et la différence sera à peine perceptible. Pour le décrire, nous dirons que c'est un *ou* très-bref suivi d'un W allemand (n° 21), — les deux prononcés comme un seul son. Il est fort non-seulement quand il est suivi d'un *h* non muet (*what,* quoi; *where,* où); mais aussi immédiatement après une consonne forte dans la même syllabe : *twenty,* vingt; *queen,* reine (*u = w*); faible dans *to wean,* sevrer; *water,* eau; *dwarf,* nain.

17. — CH allemand de *ach,* ah, et généralement après *a, o, u, au* (*); *mais après aucune autre voyelle ou diphthongue,* ni après une consonne (*acht,* huit; *das Loch,*

* Excepté dans les mots où le *ch* est suivi d'un *s* dans la *syllabe radicale,* ce qui fait prononcer ce *ch* et le *ch* sifflant (n° 32) comme un *h : das Wachs,* la cire; *das Wachstuch,* la toile cirée; *wachsen,* croître; *der Buchsbaum,* le buis; pron. *vax,* etc. Mais dans *wachsam,* vigilant; *die Wachstube,* la chambre où se tiennent les hommes de garde (l'un et l'autre de *wachen,* veiller) — et dans *Buchstab,* lettre; le *ch* conserve le son qui lui est propre.

le trou; *das Buch,* le livre; *rauchen,* fumer). C'est un des sons
étrangers les plus essentiels à apprendre; car il y a plus
d'idiômes où il se trouve, qu'il n'y en a où il manque. C'est
le j (*iota*) espagnol partout, et son *g* devant l'*e* et l'*i;* il est
fréquent dans le hollandais et les autres langues du nord,
excepté l'anglais; les Écossais le connaissent également; il
est encore fréquent dans le grec moderne, dans l'arabe et la
plupart des autres langues asiatiques. Au reste, il n'y a
peut-être pas de Français qui ne l'ait formé plus d'une
fois. Quand une pellicule de groseilles est restée collée
au palais, on fait, pour l'en détacher, ce que l'on doit
faire pour prononcer le *ch* allemand de *ach*, c'est-à-dire on
élève le dos de la langue contre l'arrière - palais, et on
chasse le souffle chaud sur le voile du palais, qui se met à
osciller, et donne au son un léger ronflement. On exécute
encore le même mécanisme en se gargarisant. Mais l'une et
l'autre manière donnent trop de force à cette consonne, qui
est, au contraire, fort douce; on n'entend un peu de ronflement que dans une prononciation rude, dans celle des
Suisses par exemple.

Le son faible (nº 18) devrait être donné au *g* allemand après
les voyelles indiquées pour le *ch*, excepté quand il est final;
mais les nationaux le prononcent généralement comme le
ch, en rendant toutefois la voyelle qui précède invariable-
ment longue : *acht Tage,* huit jours; *die Kugel,* la balle.

En allemand, toute consonne faible à la fin d'un mot devient forte : *der Tag,* le jour; *die Hand,* la main; *der Weg,*
le chemin. Ici le *g* a le son du *ch* de *ich* (32), mais l'*e* est
long. Dans le pluriel *die Wege* il doit avoir le son faible (33).
On le trouve toujours dans le *g* hollandais, ainsi que dans
le ɣ hellénique devant l'*a*. Dans l'arabe il ressemble à un *r*.

20. — Le R doux anglais (*arm,* bras ; *dear,* cher ; *lord,*
etc.), n'est jamais initial; il n'a aucun ronflement, parce

que la langue ne s'y met pas à vibrer. Il est presque voyelle.
Il n'est pas cependant, ce nous semble, aussi étranger à
d'autres langues qu'on le pense, mais il se fait entendre
dans *gr, br, dr*.

Au reste, les étrangers peuvent lui substituer l'*r* ordinaire, comme font les Anglais du pays de Galles et les Irlandais. Il n'existe pas en théorie ; mais tout Anglais pur
sang le pratique.

21, 22. — Pour le W allemand, le V espagnol, etc., les
deux lèvres se touchent dans toute leur étendue, et le
souffle chaud chassé dessus imprime à leurs bords intérieurs un léger frémissement que l'on *peut*, tout en faisant
suivre la consonne par une voyelle, rendre semblable au
ronflement d'un rouet. Les dents incisives ne prennent
aucune part à sa formation. Les Français peuvent lui substituer leur V, et les Allemands s'en apercevront à peine. Il
est fort après une consonne forte : *die Quelle,* la source
(*u=w*); *zwanzig,* vingt (*z=ts*); *der Schwan,* le cygne). Il devrait être faible au commencement des mots (*die Welle,* la
vague; *der Wagen,* le wagon); mais la preuve que la plupart
des Allemands le prononcent fort partout, c'est qu'en parlant
français, et remplaçant avec intention le *v* de cette langue
par leur *w*, croyant bien alors prononcer une consonne
faible, ils font entendre un *f* : *foulez-fous* pour *voulez-vous.*

23. — NG anglais-allemand (*sing,* chante) est un son
simple. Une voyelle prononcée avec cette consonne à la
suite (car le son n'est jamais initial) ressemble beaucoup à
une voyelle nasale. Si un *k* succède (*die Bank,* la banque :
n=ng) c'est à s'y méprendre. Le *ng* doit faire passer la
voyelle *entièrement* par le nez, le *dos* de la langue fermant
le canal de la bouche exactement comme pour le *g* guttural
(Voyez aussi *Voyelles nasales,* page 6). Pour le *n* c'est le
bout de la langue qui le ferme comme pour le *d.*

32, 33. — Y consonne. Nous indiquons ces sons par la lettre Y, sur laquelle, en anglais et en français, on prononce le son faible. Le son fort est le sifflement des oies quand on approche de leurs petits; c'est aussi le *ch* allemand de *ich*, moi, à la place duquel on ne doit pas prononcer, comme on fait dans quelques parties de l'Allemagne septentrionale (par exemple à Hambourg) et en Suisse, le *ch* de *ach* (n° 17). Le *ch* de *ich* doit être prononcé après *e, i, ö, ü, ai, ei, äu, eu;* après une consonne; et dans la terminaison *chen* des diminutifs : *Mammachen*, petite maman, où le *ch* est bien différent de celui de *machen*, faire. Le son faible est représenté, dans la même langue, par j (*ja*, oui), et par le *g* après les voyelles qui viennent d'être nommées. Mais les deux sons appartiennent aussi au français et à l'anglais. On prononce le son fort sur l'*i* quand cette lettre est la première partie d'une diphthongue et précédée par une consonne forte (*pied, tiens, chien, fiacre*); et le son faible sur le même *i* précédé d'une consonne faible (*bien, Dieu*); de même sur l'*y* devant une voyelle (*yacht, yole*).

L'*y* consonne, enfin, est l'L mouillé comme tous les Parisiens et les trois quarts des Français le prononcent : un mode qui vaut bien l'autre, où *piller* et *pilier*, *souiller* et *soulier* sont respectivement la même chose.

Quant à l'identité de l'*i*, comme consonne forte, avec le *ch* allemand de *ich*, on s'en convaincra en comparant, par exemple, la prononciation de *tchen* du mot *Kästchen*, petite boîte, avec le mot français *tienne*; on n'y trouvera d'autre différence que celle entre *enne* et *en*; cette dernière terminaison étant prononcée sourdement par les Allemands, comme s'il n'y avait pas de voyelle.

Il faut se garder de prononcer en allemand le son faible sur le *g* initial comme le font un très-grand nombre d'Almands : *juter jott* pour *guter Gott*, bon Dieu.

Comme l'Allemand, qui emploie pour les deux paires de

sons, 17, 18, et 32, 33, les mêmes lettres (*ch* et *g*), le grec moderne a pour toutes les deux le χ et le γ, et c'est dans les deux langues la même nature respective des voyelles qui détermine celle du son consonnant, avec cette différence que dans l'allemand c'est la voyelle qui précède, et dans la langue hellénique celle qui suit.

38, 39. — Le TH sifflant anglais, fort et faible (*thin*, mince,—*then*, alors) : deux sons que les Français redoutent, et qui pourtant sont très-faciles. On n'a qu'à mettre le bout de la langue contre le bord des dents incisives supérieures, et y chasser le souffle chaud, comme on fait pour l'*f ;* et le *th* anglais fort est fait. Quant au son faible, il y a entre lui et le son fort la même différence qu'entre le *v* et l'*f*, le *z* et l's.

La consonne forte est dans l'espagnol le *z* partout, et le *c* devant l'*e* et l'*i*. Les deux sons existent également dans le grec moderne et dans l'arabe.

Il ne nous reste rien à dire sur les *sons* anglais,[*] si ce n'est que dans les syllabes non accentuées la voyelle longue de-

[*] Nous faisons observer de nouveau qu'il ne s'agit pas ici de lettres. Si nous voulions traiter des fonctions de celles-ci, nous remplirions un gros volume. En anglais, la prononciation des sons est peu de chose ; de la lecture , au contraire , on peut dire avec raison ce que l'académicien Duclos disait, avec quelque exagération, du français, que « celui qui sait lire sait le plus difficile de tous les arts. » Elle est excessivement difficile pour les Anglais, à plus forte raison pour les étrangers. Mais l'auteur de ce traité a trouvé le moyen de rendre la lecture du français et de l'anglais tellement facile, que, pour un enfant, quelques semaines, et pour un adulte intelligent, quelques jours suffiraient pour l'apprendre. Chaque mot ne peut être lu que d'une seule manière. Ce résultat a été obtenu par un alphabet amplifié et perfectionné *qui ne change rien à l'orthographe ou à l'apparence accoutumée des mots*, au point que des personnes non prévenues pourront avoir lu toute une page sans s'être aperçu qu'elles n'avaient pas sous les yeux une impression ordinaire.

vient généralement brève , et le son de toutes devient plus ou moins obscur, ayant de la ressemblance, — souvent étant identique — avec l'*u* de *cup*.

L'*allemand* n'a aucune voyelle simple inconnue dans le français. Ses diphthongues *äu*, *eu* (identiques pour le son : *Mäuse*, des souris; *das Feuer*, le feu) doivent être prononcées comme si elles étaient écrites *aü*, *eü;* c'est un *a* suivi d'un *u* français, et non le *oi* anglais de *oil*, huile.

L'*espagnol* n'a pas d'autres sons étrangers au français que ceux qui ont été nommés (17, 22, 38); et ce bel idiôme est un des plus faciles à lire, parce que ses lettres fonctionnent d'une manière régulière.

L'*italien* n'a aucun son *simple*, ni seul ni dans les combinaisons, qui soit inconnu en français; excepté, dans le dialecte florentin, le n° 11, prononcé sur le *c* devant l'*a* et l'*o*.

L'*arabe* a beaucoup de difficultés pour les Français, tant par ses caractères rebutants que par ses prononciations particulières. Nous en avons déjà nommé cinq (11, 17, 18, 38, 39). Le n° 11 y est plus fort que le son européen. Il faut encore ajouter l'*aïn* qui est le *hamza* (voy. n° 12) renforcé; puis un *k* beaucoup plus guttural que le *k* européen, et contenant quelque chose du n° 17 ; enfin un *s*, un *t* et un *d*, appelés emphatiques, et prononcés comme s'ils étaient suivis d'un *ou*.

Nous n'avons rien dit du *portugais*, du *russe* et de quelques autres langues que peu d'étrangers apprennent. Le portugais a quelques voyelles nasales inconnues en français; et le russe a, en commun avec le polonais et d'autres idiômes slaves, un *l* particulier; il a aussi une variété de l'*u* qui n'appartient à aucune autre langue.

En résumé, ce que les Français doivent surtout apprendre en fait de prononciations étrangères, ce sont le H anglais-allemand (n° 11), le CH allemand de *ach* (n° 17), le NG (n° 23), et les TH anglais (n°ˢ 38, 39). Nous supposons le *ch* allemand sifflant (n° 32) connu. On peut exercer les deux *ch* de cette langue sur un mot signifiant une lumière pour la nuit : *das Nachtlicht.*

Observations finales.

La troisième classe des consonnes ne peut en avoir de fortes, parce que celles-ci doivent passer entièrement par la bouche, tandis que *ng*, *n*, *m*, ne passent que par le nez.

Le TH anglais se trouve parmi les consonnes palatales, parce que les dents incisives supérieures font partie du palais, de même que les gencives au-dessus qui, à défaut de dents, les remplacent dans leurs fonctions.

Les consonnes Y d'un côté (V. le tabl. sym.) et F et V, du côté opposé, ne sont pas — celles-là gutturales pures, celles-ci labiales pures; formées sur les limites des palatales, elles le sont à moitié, tant par leur mécanisme que par leur effet : gutturo-palatales les Y, labio-palatales l'F et le V.

Les astérisques indiquent principalement des sons de langues asiatiques ; les consonnes emphatiques de l'arabe sont du nombre.

Cette accumulation de consonnes secondaires (CH et J, et le TH anglais en font partie) dans la division palatale, vient de ce que l'organe actif est ici le plus fréquemment le bout de la langue, qui, par sa forme déliée, est propre à délimiter d'une manière précise des points d'attouchement très-rapprochés, et à varier ainsi les articulations.

On peut suivre dans la rangée supérieure des consonnes du tableau symétrique (consonnes fortes), depuis le H (n° 11) jusqu'au TH, l'action de la langue par une partie de plus en plus avancée, depuis sa racine jusqu'à son extrémité; et elle reste développée dans sa longueur ; mais pour toutes les consonnes que nous voyons dans le prolongement de la colonne palatale (T, D — N — R, R — L, L), elle se recourbe. Puis de l'F jusqu'au W anglais, le caractère des sons devient de plus en plus labial. Le W à l'extrémité est à moitié voyelle, ce qui peut se dire également des consonnes aux extrémités des deux autres branches de la figure, du H et de l'L. En effet, en appliquant la langue au palais, comme l'L le demande, on peut encore prononcer toutes les voyelles; ce que l'on ne peut faire avec aucune consonne des autres classes. Aussi l'L se trouve-t-il souvent, de langue à langue, changé en voyelle. Ces trois consonnes, H, L, W, sont donc la transition des voyelles aux consonnes, et forment à juste titre la première classe de ces dernières.